zwischen dem Schmerz und der Langeweile

Arthur Schopenhauer

고통과 권태 사이에서

초판 1쇄 인쇄 2024년 5월 2일
초판 1쇄 발행 2024년 5월 14일

지은이. 아르투어 쇼펜하우어
엮은이. 이동용
펴낸이. 이방원
책임편집. 이희도 | 책임디자인. *Hye*
마케팅. 최성수·김 준 | 경영지원. 이병은

펴낸곳. 세창미디어
신고번호. 제2013-000003호
주소. 03736 서울시 서대문구 경기대로 58 경기빌딩 602호
전화. 02-723-8660 | 팩스. 02-720-4579
이메일. edit@sechangpub.co.kr
홈페이지. http://www.sechangpub.co.kr
블로그. blog.naver.com/scpc1992
페이스북. fb.me/Sechangofficial | 인스타그램. @sechang_official

ISBN 978-89-5586-812-8 03160

고통과 권태 사이에서

인생을 견뎌낸 철학자
쇼펜하우어의 문장들

아르투어 쇼펜하우어
Arthur Schopenhauer

이동용 엮음

zwischen dem Schmerz und der Langeweile

일러두기

본문 중 옮긴이가 독자의 이해를 돕기 위해 추가한 내용은
[ ] 안에 표기했다.

차례

철학,
지식,
진리

die Philosophie,
die Kenntnis,
die Wahrheit

§

Philosophie, die folglich insofern da anfängt,
wo die Wissenschaft aufhören.

wo das Objekt anfängt, hört das Subjekt auf.

학문이 끝나는 곳에서 철학이 시작된다.

객관이 시작되는 곳에서 주관은 중단된다.

Das Wort des Menschen ist das dauerhafteste Material. Hat ein Dichter seine flüchtigste Empfindung in ihr richtig angepassten Worten verkörpert; so lebt sie, in diesen, Jahrtausende hindurch, und wird in jedem empfänglichen Leser aufs Neue rege.

인간의 단어는 가장 오래 지속되는 재료다. 어느 시인이 그의 가장 순간적인 감정을 그에 걸맞은 단어로 표현한다면, 그 감정은 이 단어 속에서 천년의 세월을 견뎌내며, 모든 민감한 독자의 마음속에서 새롭게 되살아날 것이다.

§

Man sollte beständig die Wirkung der Zeit und die Wandelbarkeit der Dinge vor Augen haben und daher bei Allem, was jetzt Statt findet, sofort das Gegenteil davon imaginieren; also im Glücke das Unglück, in der Freundschaft die Feindschaft, im schönen Wetter das schlechte, in der Liebe den Hass, im Zutrauen und Eröffnen den Verrat und die Reue, und so auch umgekehrt, sich lebhaft vergegenwärtigen.

시간의 영향과 사물의 가변성을 늘 염두에 두어야 한다. 따라서 현재 일어나는 모든 일에 대해 즉시 그 반대를 상상해야 한다. 말하자면 행복에서 불행을, 우정에서 불화를, 좋은 날씨에서 궂은 날씨를, 사랑에서 증오를, 신뢰와 솔직함에서 배신과 후회를 상상해야 한다. 이와 같이 반대의 경우를 스스로 마음속에 생생하게 그려보아야 한다.

8

(meine) Philsophie,—welche zu ihrem Nordstern ganz allein die Wahrheit, die nackte, unbelohnte, unbefreundete, oft verfolgte Wahrheit hat und, ohne rechts oder links zu blicken, gerade auf diese zusteuert.

(나의) 철학은 오로지 진리만을 북극성 삼아 전진할 뿐이다. 벌거벗고, 친구가 없으며, 박해받는 그 진리만을 향해 망설이지 않고 나아간다.

Erkenntnis des Identischen in verschiedenen Erscheinung und des Verschiedenen in ähnlichen ist eben, wie Plato so oft bemerkt, Bedingung zur Philosophie.

다양한 현상들 속에서 동일한 것을 인식하고, 비슷한 것들 속에서 다른 것을 인식하는 것이야말로, 플라톤이 자주 언급했던 철학을 위한 조건이다.

S

Wohl kaum ist irgend ein philosophisches System so einfach und aus so wenigen Elementen zusammengesetzt, wie das meinige; daher sich dasselbe mit Einem Blick leicht überschauen und zusammenfassen lässt.

어떤 철학적 체계도 나의 철학적 체계처럼 간단하고 적은 요소로 구성되어 있지 않다. 그래서 [나는] 그것을 한눈에 쉽게 조망하고 요약할 수 있다.

8

Die Vernunft verdient auch ein Prophet zu heißen: hält sie uns doch das Zukünftige vor, nämlich als dereinstige Folge und Wirkung unsers gegenwärigen Tuns. Dadurch eben ist sie geeignet, uns im Zaum zu halten, wann Begierden der Wollust, oder Aufwallungen des Zorns, oder Gelüste der Habsucht uns verleiten wollen zu Dem, was künftig bereut werden müsste.

이성은 예언자라 불릴 만하다. 이성은 우리가 행하는 현재의 행동에 대한 인과관계의 결과물로서 언젠가 있게 될 미래의 모습을 우리 앞에 보여주기 때문이다. 그래서 이성은 우리를 억제하기에 적합하다. 욕망이나 욕정 혹은 분노가 치솟을 때, 또 욕심이 도를 지나칠 때, 이성은 우리를 울타리 안에 가둬놓는다. 이런 감정들은 우리를 잘못된 길로 이끌 것이고, 그 결과 [우리는] 먼 훗날 그 언젠가 반드시 후회할 것이기 때문이다.

ß

Der Verstand ist keine extensive, sondern eine intensive Größe.

Lesen heißt mit einem fremden Kopfe, statt des eigenen, denken.

오성은 밖으로 확장하는 것이 아니라 안으로 집중하는 것이다.

독서는 자신의 머리가 아니라, 타인의 머리로 생각하는 것이다.

§

Der Wahrheit steht der Irrtum als Trug der Vernunft, der Realität steht der Schein als Trug der Verstandes gegenüber.

실수는 이성의 기만으로서 진리와 대립하고,

가상은 오성의 기만으로서 현실성과 대립한다.

§

'Die Welt ist meine Vorstellung:'—dies ist die Wahrheit, welche in Beziehung auf jedes lebende und erkennende Wesen gilt; wiewohl der Mensch allein sie in das reflektierte abstrakte Bewusstsein bringen kann: und tut er dies wirklich; so ist die philosophische Besonnenheit bei ihm eingetreten.

'세계는 나의 표상이다.' 이것은 살아 있고 인식하는 모든 존재에 적용되는 진리이다. 오로지 인간만이 이 진리를 반성적이고 추상적으로 생각할 수 있는 의식 속으로 끌고 들어갈 수 있기 때문이다. 그리고 인간이 이런 일을 실제로 해낼 수 있을 때, 마침내 그 인간에게 철학적 고민이 찾아온다.

S

Es gibt mehr Dinge im Himmel und auf Erden, als eure Schulweisheit sich träumen lässt.

하늘에나 대지 위에는 그대들의 학식으로 상상할 수 있는 것보다 훨씬 많은 사물이 존재한다.

ß

Dass die Eule der Vogel der Athene ist,
mag die nächtliche Studien der Gelehrten
zum Anlass haben.

올빼미가 아테나의 새인 것은 아마도 학자들이 대체로 밤에 공부했기 때문이 아닐까.

§

Die Wahrheit ist keine Hure, die sich Denen an den Hals wirft, welche ihrer nicht begehren: vielmehr ist sie eine so spröde Schöne, dass selbst wer ihr Alles opfert noch nicht ihrer Gunst gewiss sein darf.

진리는 자신을 갈망하지도 않는 사람의 목에 매달리며 애걸하는 창녀가 아니다. 오히려 진리는 자신에게 모든 것을 바치는 사람에게조차 호의를 보이지 않는 아름답고도 까칠한 여인이다.

§

Was der Auffindung der Wahrheit am meisten entgegensteht ist nicht der aus den Dingen hervorgehende und zum Irrtum verleitende falsche Schein, noch auch unmittelbar die Schwäche des Verstandes; sondern es ist die vorgefasste Meinung, das Vorurteil, welches, als ein After-a priorie, der Wahrheit sich entgegenstellt und dann einem widrigen Winde gleicht, der das Schiff von der Richtung, in der allein das Land liegt, zurücktreibt; so dass jetzt Steuer und Segel vergeblich tätig sind.

진리를 발견하는 데 가장 큰 걸림돌은 오해를 불러일으키는 사물의 외양이 아니다. 오성의 나약함도 직접적인 걸림돌이 아니다. 그것은 오로지 미리 정해 놓은 의견, 즉 선입견이다. 선입견은 선험적인 관념으로 형성되어 끊임없이 진리와 대립한다. 이는 마치 배가 육지로 향하지 못하도록 반대 방향으로 부는 바람 같다. 이런 바람은 배가 육지로부터 멀어지게 하며, 방향을 잡아주는 키도 돛도 무용하게 만든다.

§

Denn es gibt für dieses Weltall keinen anderen Ort als die Seele.

이 우주에 영혼을 제외한 다른 장소는 존재하지 않는다.

§

Jetzt wird uns also die Welt anfangslos,
wie die unendliche Zeit selbst; wobei unsere
Einbildungskraft ermüdet und unser Verstand
keine Befriedigung erhält.

세상은 마치 무한한 시간처럼 시작도 없이 펼쳐진다. 여기서 우리의 상상력은 약화되고, 우리의 오성은 만족을 얻지 못한다.

§

Wer im Luftballon aufsteigt sieht nicht sich erheben, sondern die Erde herabsinken und immer tiefer.—Was soll das? Ein Mysterium, welches nur die Beipflichtenden verstehen.

열기구에 올라탄 사람은 자기 자신이 솟아오르는 것을 보지 않고, 땅이 자꾸 아래로 깊이 가라앉는 것만 본다. 이것은 도대체 무엇을 의미할까? 그것은 [남의 의견에] 찬성만 하는 사람들이 이해하는 미스터리다.

§

Der normale Mensch hingegen ist, hinsichtlich des Genusses seines Lebens, auf Dinge außer ihm gewiesen, auf den Besitz, den Rang, auf Weib und Kinder, Freunde, Gesellschaft usw., auf diese stützt sich sein Lebensglück: darum fällt es dahin, wenn er sie verliert, oder er sich in ihnen getäuscht sah. Dies Verhältnis auszudrücken, können wir sagen, dass sein Schwerpunkt außer ihm fällt.

평범한 사람들은 자신의 인생을 향유하기 위해 자기 밖에 있는 것들에 의존한다. 즉 그에게 중요한 것은 재산이나 지위, 아내와 자녀, 친구와 직장 동료 같은 것들뿐이고, 그런 것들에 의존해서 자신의 인생이 지향하는 행복을 결정하고 실현한다. 그래서 그가 이런 것들을 상실하거나 이런 것들에 속았을 때, 행복은 사라져버린다. 이 관계를 표현하기 위해 우리는 그 사람의 중심이 자기 밖에 놓여 있다고 말할 수 있겠다.

§

Der Reichtum gleicht dem Seewasser: je mehr man davon trinkt, desto durstiger wird man.

부는 마치 바닷물 같다. 그것을 많이 마실수록 갈증이 더욱 치솟을 것이기 때문이다.

*Allerdings ist das Leben nicht eigentlich da,
um genossen, sondern um überstanden, abgetan
zu werden.*

인생이란 결코 즐기기 위해서가 아니라, 극복되고 마무리되기 위해 존재한다.

§

Die Enttäuschung kommt zu spät.

Schnell vergeht, was schnell entsteht.

실망은 너무 늦게 찾아온다.

빠르게 생겨난 것은 빠르게 사라진다.

S

Inzwischen glauben wir, unserer Taten in jedem Augenblicke Herr zu sein. Allein, wenn wir auf unsern zurückgelegten Lebensweg zurücksehn und zumal unsere unglücklichen Schritte, nebst ihren Folgen, ins Auge fassen; so begreifen wir oft nicht, wie wir haben Dieses tun, oder Jenes unterlassen können; so dass es aussieht, als hätte eine fremde Macht unsere Schritte gelenkt.

한편으로 우리는 매 순간 우리의 행동을 통제할 수 있다고 믿는다. 그러나 우리는 그동안 살아온 인생의 여정을 되돌아보며, 불행을 자초했던 우리의 발걸음과 그것의 결과들이 눈에 보일 때, 어째서 이런 것을 행할 수 있었고 저런 것을 포기할 수 있었는지에 대해 종종 도저히 이해하지 못한다. 그래서 낯선 권력이 우리의 발걸음을 인도하는 것처럼 보인다.

§

Der Neid nämlich baut die Mauer zwischen Du und Ich fester auf: dem Mitleid wird sie dünn und durchsichtig; ja bisweilen reißt es sie ganz ein, wo dann der Unterschied zwischen Ich und Nicht-Ich verschwindet.

질투는 너와 나 사이에 벽을 더 견고하게 구축한다. 반면 동정은 그 벽을 얇고 투명하게 만들며, 때로는 그것을 허물어뜨린다. 이때 자아와 비아 사이의 구분이 사라진다.

§

Neid ist dem Menschen natürlich: dennoch ist er ein Laster und ein Unglück zugleich. Wir sollen daher ihn als den Feind unsers Glückes betrachten und als einen bösen Dämon zu ersticken suchen.

질투는 인간에게 자연스러운 것이지만, 동시에 악덕이자 불행이기도 하다. 그래서 우리는 그것을 우리의 행복을 저해하는 적으로 간주하고, 악령으로 여겨 제압하려고 해야 한다.

§

Keiner kann über sich sehen. Hiemit will ich sagen: Jeder sieht am Andern nur so viel, als er selbst auch ist: denn er kann ihn nur nach Maßgabe seiner eigenen Intelligenz fassen und verstehen.

자기 자신을 넘어서서 볼 수 있는 사람은 아무도 없다. 여기서 내가 하고 싶은 말은 누구나 자기 자신만큼만 타인을 볼 수 있다는 것이다. 사람은 자신의 지성만을 기준으로 타인을 파악하고 이해할 수 있기 때문이다.

S

Wir sehen einander an und verkehren mit einander;—wie Masken mit Masken, wir wissen nicht, wer wir sind;—aber wie Masken, die nicht ein Mal sich selbst kennen. Und eben so sehen die Tiere uns an; wir sie.

우리는 서로를 바라보고 교제하지만, 가면을 쓴 사람이 가면을 쓴 사람을 대하고 있을 뿐이다. 우리는 우리가 누군지를 전혀 알지 못한다. 가면을 쓴 사람이 자신의 얼굴이 어떻게 생겼는지를 전혀 알 수 없는 것처럼 말이다. 동물이 우리를 그런 식으로 바라보듯이, 우리도 그들을 그렇게 대할 뿐이다.

§

Der Selbstmord kann auch angesehen werden als ein Experiment, eine Frage, die man der Natur stellt und die Antwort darauf erzwingen will: nämlich, welche Änderung das Dasein und die Erkenntnis des Menschen durch den Tod erfahre. Aber es ist ein ungeschicktes: denn es hebt die Identität des Bewusstseins, welches die Antwort zu vernehmen hätte, auf.

자살은 자연을 향해 던지는 질문과 실험으로 간주될 수도 있다. 말하자면 인간의 현존재와 인식이 죽음을 통해서 어떤 변화를 겪는지에 대한 답을 강제로 얻으려는 것이다. 그러나 이것은 부당한 실험이다. 대답을 들어야 할 의식의 주체를 없애버리기 때문이다.

Zur Zeit, da die Erkenntnis sich einstellte,
hob sich die Begierde von dannen.

인식이 들어서던 그 순간, 욕망은 사라져버렸다.

§

Aber auch umgekehrt ist Denen, in welchen der Wille sich gewendet und verneint hat, diese unsere so sehr reale Welt mit allen ihren Sonnen und Milchstraßen — Nichts.

의지를 돌이키고 부정하는 사람에게는 모든 태양과 은하수가 함께하는 우리의 현실적인 세계도 아무것도 아니다.

§

So gelangen wir dann zu der großen Wahrheit, dass die natura naturans, oder das Ding an sich, der Wille in unserm Herzen; die natura naturata aber, oder die Erscheinung, die Vorstellung in unserm Kopfe ist.

이로써 우리는 창조하는 자연, 즉 사물 그 자체는 우리의 마음속에 있는 의지이지만, 창조된 자연, 즉 현상은 우리의 머릿속에 있는 표상이라는 위대한 진실에 도달한다.

시간,
우연,
운명

die Zeit,
der Zufall,
das Schicksal

*Zur Plage unsers Daseins trägt nicht wenig
auch Dieses bei, dass stets die Zeit uns
drängt, uns nicht zu Atem kommen lässt und
hinter Jedem her ist, wie ein Zuchtmeister
mit der Peitsche.—Bloß Dem setzt sie nicht
zu, den sie der Langenweile überliefert hat.*

시간은 우리를 하염없이 몰아붙인다.
이것이야말로 우리 현존재에 주어진 천벌이다.
우리가 숨 쉴 수조차 없게 만든다. 시간은 마치
채찍을 든 엄격한 감독관처럼 모든 사람의 뒤를
쫓아다닌다. 하지만 시간도 자신의 시간을 권태에
내맡겨버린 사람에게는 영향을 미치지 못한다.

§

Die Uhr misst die Zeit; aber sie macht sie nicht. Wenn alle Uhren stehen blieben, wenn die Sonne selbst stillstände, wenn alle und jede Bewegung, oder Veränderung, stockte; so würde dies doch den Lauf der Zeit keinen Augenblick hemmen, sondern sie würde ihren gleichmäßigen Gang fortsetzen und nun, ohne von Veränderungen begleitet zu sein, verfließen.

시계는 시간을 측정하지만, 시간을 만들지는 못한다. 모든 시계가 멈춰버린다 해도, 태양 자체가 조용히 서버린다고 해도, 모든 것이, 모든 움직임이나 변화가 멈춘다고 해도, 그 어느 것도 시간의 흐름을 막을 수는 없다. 오히려 시간은 일정한 경로로 나아가고, 어떤 변화도 동반하지 않은 채 흘러갈 것이다.

S

Jeder Tag ist ein kleines Leben, zu welchem das Erwachen die Geburt ist und welches durch den Schlaf, als Tod, beschlossen wird. So ist denn endlich auch das Einschlafen ein täglicher Tod und jedes Erwachen eine neue Geburt.

모든 하루는 깨어나면서 탄생하고, 잠들면서 죽음으로 마감하는 작은 인생이다. 말하자면, 결국 잠든다는 것은 매일 겪는 죽음이지만, 모든 깨어남은 새로운 탄생이다.

§

Unser ganzes Leben hindurch haben wir immer nur die Gegenwart inne, und nie mehr. Was dieselbe unterscheidet ist bloß, dass wir am Anfang eine lange Zukunft vor uns, gegen das Ende aber eine lange Vergangenheit hinter uns sehen.

우리는 평생을 사는 동안 항상 현재만을 소유한다. 그 이상을 소유할 수 있는 사람은 아무도 없다. 하지만 같은 현재라 해도 처음에는 기나긴 미래가 우리의 눈앞에 펼쳐지지만, 마지막에는 기나긴 과거가 우리의 등 뒤에 놓인다.

§

Man darf die Zeit nicht außerhalb der Seele annehmen, und die Ewigkeit im Jenseits nicht außerhalb des Seienden.

시간을 영혼 밖에서 찾으려 해서는 안 되는 것처럼, 영원을 존재자 바깥, 즉 저세상에서 찾으려 해서도 안 된다.

§

Dieses Leben erzeugt die Zeit: weshalb es auch heißt, sie sei zugleich mit diesem Weltganzen entstanden; denn die Seele habe sie zugleich mit dem Weltganzen erzeugt.

인생은 시간을 낳는다. 그래서 온 세상과 동시에 생겨났다고 한다. 영혼이 시간을 온 세상과 동시에 낳았기 때문이다.

§

Was sind nun aber Zahlen?
Successionsverhältnisse, deren Möglichkeit
auf der Zeit beruht.

그렇다면 숫자란 무엇인가? 그것은 시간에 기인한 연속 관계이다.

ß

Die Zeit kann keinen Anfang haben, und keine Ursache kann die erste sein. Beides ist a priori gewiß, also unbestreitbar: denn aller Anfang ist in der Zeit, setzt sie also voraus; und jede Ursache muss eine frühere hinter sich haben, deren Wirkung sie ist.

시간은 시작점을 취할 수 없고, 최초의 원인도 존재할 수 없다. 이 둘은 선험적으로 확실하고 논쟁거리가 될 수도 없다. 모든 시작은 시간 속에 있고, 시간은 모든 것을 앞서며, 모든 원인은 그보다 앞선 원인에 뒤이어 나와야만 하고, 그 앞선 원인의 결과여야 하기 때문이다.

§

In der Kindheit bringt die Neuheit aller Gegenstände und Begebenheiten Jegliches zum Bewusstsein: daher ist der Tag unabsehbar lang. Das Selbe widerfährt uns auf Reisen, wo deshalb ein Monat länger erscheint, als vier zu Hause.

어린 시절에는 만나고 접하게 되는 모든 대상과 사건이 새롭게 느껴진다. 그래서 그 모든 것들이 의식으로 형성된다. 그 결과 하루가 헤아릴 수 없을 정도로 길게 느껴진다. 여행을 할 때도 우리에게 같은 일이 일어나기 때문에, 집에서 보낸 네 달보다 여행 중에 보낸 한 달이 더 길게 느껴진다.

§

Die Zeit scheint uns aber so sehr sich von selbst zu verstehen, dass wir, statt so zu fragen, gar kein Dasein ohne sie denken können: sie ist uns die bleibende Voraussetzung aller Existenz.

시간은 자연스럽게 이해되는 듯하다. 그래서 우리는 시간에 관한 의문을 품긴 하지만, 시간 없이 존재하는 것을 생각할 수 없다. 우리에게 시간은 모든 존재의 불변하는 전제 조건이다.

Wir aber vergessen, dass jeder Tag ein integrierender und daher unersetzlicher Teil des Lebens ist, und betrachten ihn vielmehr als unter demselben so enthalten, wie die Individuen unter dem Gemeinbegriff.

우리는 모든 하루가 필수적일 뿐만 아니라, 그 어떤 것으로도 결코 대체될 수 없는 인생의 일부라는 사실을 잊고 살아간다. 하물며 우리는 개인들을 보편 개념으로 바라보듯이, 그 모든 하루를 동일한 개념으로 바라본다.

Die gewöhnlichen Leute sind bloß darauf bedacht, die Zeit zuzubringen; wer irgend ein Talent hat,—sie zu benutzen.

평범한 사람들은 그저 시간을 흘려보내는 일에만 몰두하지만, 어떤 재능을 지닌 사람은 시간을 활용하려고 한다.

§

Muße ohne geistige Beschäftigung ist der Tod, ist Lebendigbegrabensein für den Menschen.

정신적인 활동이 없는 여가는 죽음이며, 사람을 산 채로 매장하는 것이나 다름없다.

§

Die Dinge eilen vorüber, ohne Eindruck zu machen; wie das Kunstwerk, welches man tausend Mal gesehen hat, keinen macht: man tut was man zu tun hat, und weiß hinterher nicht, ob man es getan. Indem nun also das Leben immer unbewusster wird, je mehr es der gänzlichen Bewusstlosigkeit zueilt, so wird eben dadurch sein Verlauf auch immer schleuniger.

사물들은 마치 천 번을 본 예술 작품이 아무런 인상을 남기지 않는 것처럼 인상을 주지 않고 서둘러 지나간다. 사람들은 해야 할 일을 하고, 나중에는 했던 일을 알지 못한다. 그래서 인생은 점점 의식을 잃어가고, 결국 완전한 무의식의 상태 속으로 서둘러 진입한다. 이렇게 해서 인생의 여정은 점점 더 가속도가 붙는다.

§

Es ist der Zufall: er, der die königliche Kunst versteht, einleuchtend zu machen, dass gegen seine Gunst und Gnade alles Verdienst ohnmächtig ist und nichts gilt.

우연이란 그것의 총애와 은혜에 맞서는 모든
공적이 무력하고 가치가 없음을 분명히
이해시키는 장엄한 기술이다.

Im Menschenleben ist es wie beim Würfelspiel: Fällt auch der Wurf nicht so, wie du's am meisten brauchst, so muss die Kunst verbessern, was der Zufall bot.

인생은 주사위 놀이 같다. 던져진 주사위가 당신에게 가장 필요한 숫자를 보여주지 않을 때는 기술을 사용해서 우연이 제공했던 것을 개선해야 한다.

§

Das Schicksal mischt die Karten und wir spielen.

Sieh jeden einzelnen Tag als ein eigenes Leben an.

운명이 카드를 섞고, 우리는 그 카드로 게임을 한다.

매일을 하나의 독립된 인생으로 바라보라.

S

Das Schicksal ist grausam und die Menschen sind erbärmlich. In einer so beschaffenen Welt gleicht Der, welcher viel an sich selber hat, der hellen, warmen, lustigen Weihnachtsstube, mitten im Schnee und Eise der Dezembernacht. Demnach ist eine vorzügliche, eine reiche Individualität und besonders sehr viel Geist zu haben ohne Zweifel das glücklichste Los auf Erden.

운명은 가혹하고, 사람들은 가련하다. 이렇게 구성된 세상에서 많은 것을 자기 자신으로부터 취한 사람은 눈과 얼음으로 뒤덮인 12월의 밤 한가운데서 성탄절을 맞이하여 환하게 불을 밝힌, 따뜻하고 기쁨으로 가득 찬 방 같은 사람이다. 따라서 탁월함, 풍부한 개성, 특히 많은 정신을 소유하는 것이야말로 의심할 여지 없이 이 세상에서 가장 행복한 운명이라 말할 수 있을 것이다.

행복,

고통,

고독

das Glück,

das Leiden,

die Einsamkeit

§

Ich nehme den Begriff der Lebensweisheit hier gänzlich im immanenten Sinne, nämlich in dem der Kunst, das Leben möglichst angenehm und glücklich durchzuführen, die Anleitung zu welcher auch Eudämonologie genannt werden könnte: sie wäre demnach die Anweisung zu einem glücklichen Dasein.

나는 여기서 인생의 지혜라는 개념을 오로지 그 말 자체에 있는 의미에서만 사용할 것이다. 즉 그것은 인생을 가능한 한 편안하고 행복하게 살아가는 기술을 의미하고, 그래서 행복론이라고 말할 수도 있다. 그러므로 인생의 지혜는 행복한 현존재로 향하는 지침서일 것이다.

§

*Gaukelnde Bilder eines geträumten,
unbestimmten Glückes schweben, unter
kapriziös gewählten Gestalten, uns vor, und
wir suchen vergebens ihr Urbild.*

꿈에서 본 것처럼 불분명한 행복의 형상들은
언제나 변덕스럽게 선택된 형태를 띠고서
우리의 눈앞에서 아른거린다. 그래서 우리는 그
형상들의 근원적인 형상을 찾으려 하지만 결국
모두 헛수고일 뿐이다.

§

Alle Beschränkung beglückt. Je enger unser Gesichts-, Wirkungs- und Berührungskreis, desto glücklicher sind wir: je weiter, desto öfter fühlen wir uns gequält, oder geängstigt. Denn mit ihm vermehren und vergrößern sich die Sorgen, Wünsche und Schrecknisse. Darum sind sogar Blinde nicht so unglücklich, wie es und a priori scheinen muss: dies bezeugt die sanfte, fast heitere Ruhe in ihren Gesichtszügen.

모든 제한은 행복을 가져다준다. 우리의 시야, 영향력, 접촉 범위가 좁을수록 우리는 더 행복해진다. 반대로 그 범위가 넓어질수록 우리는 고통과 두려움을 자주 느끼게 된다. 욕망과 걱정 그리고 불안도 함께 많아지고 커지기 때문이다. 그래서 눈먼 사람조차도 우리가 생각하는 것만큼 불행하지 않다. 하물며 그의 표정에서는 온화하고 명랑하기까지 한 평온함이 느껴지기도 한다.

§

Wer ganz auf sich allein gestellt ist und alles auf sich allein setzt, der kann nur vollkommen glücklich sein.

오로지 자신에게 의존하며 모든 것을 자신에게 맡기는 사람만이 완벽하게 행복해질 수 있다.

§

Das Glück gehört Denen, die sich selber genügen. Denn alle äußeren Quellen des Glückes und Genusses sind, ihrer Natur nach, höchst unsicher, misslich, vergänglich und dem Zufall unterworfen, dürfen daher, selbst unter den günstigsten Umständen, leicht stocken; ja, Dieses ist unvermeidlich, sofern sie doch nicht stets zur Hand sein können.

행복은 스스로 만족하는 사람의 것이다.

행복이나 즐거움을 위한 모든 외적인 근원들은 본질적으로 매우 불확실하고, 불편하며, 덧없고, 우연에 좌우될 수 있기 때문이다.

따라서 가장 유리한 상황에서조차도 쉽게 중단될 수 있다. 이것들을 항상 손쉽게 이용할 수 없기 때문에 이는 불가피하다.

§

Ein solcher innerlich Reicher bedarf von außen nichts weiter, als eines negativen Geschenks, nämlich freier Muße, um seine geistigen Fähigkeiten ausbilden und entwickeln und seinen innern Reichtum genießen zu können, also eigentlich nur der Erlaubnis, sein ganzes Leben hindurch, jeden Tag und jede Stunde, ganz er selbst sein zu dürfen.

내면이 부유한 사람은 아무것도 외부에서 구하지 않는다. 그에게 필요한 것은 오로지 밖의 것과 반대의 의미를 지닌 선물, 즉 자유로운 여가뿐이다. 그것만이 그의 지적인 능력을 길러주고 발전시키며 자기 내면의 부를 향유할 수 있게 해주기 때문이다. 그러니까 오로지 그것만이 그의 인생 전체를 관통하여, 매일 그리고 매 순간, 온전히 자기 자신이 되도록 허락해준다.

§

Ja, die Eudämonologie hat mit der Belehrung anzuheben, dass ihr Name selbst ein Euphemismus ist und dass unter 'glücklich leben' nur zu verstehen ist 'weniger unglücklich', also erträglich leben.

행복론은 그 이름 자체가 완곡법이라는 가르침으로 시작해야 한다. ‘행복한 인생’이란 ‘덜 불행한’, 즉 견딜 만한 인생이다.

§

wie wesentlich alles Leben Leiden ist.

Gieb deinem Sohne Glück und wirf ihn ins Meer.

Das Glück ist nur ein Traum—wirklich ist der Schmerz.

모든 인생이 고통스럽다는 것은 얼마나
본질적인가.

그대의 아들에게 행운을 빌고 그를 바다에
내던져라.

행복은 그저 꿈일 뿐, 고통만이 현실이다.

S

Die Welt ist eben die Hölle, und die Menschen sind einerseits die gequälten Seelen und andererseits die Teufel darin.

세계는 곧 지옥이다. 사람들은 한편으로 지옥에서 고통받는 영혼이고, 다른 한편으로는 지옥에 있는 악마다.

§

Die Einsamkeit ist not: doch sei nur nicht gemein; So kannst du überall in einer Wüste sein.

고독은 필요하다. 하지만 비열해지지 않아야 한다. 그렇다면 그대는 어디에서든 황무지에 있을 수 있다.

8

An Kant

Ich sah Dir nach in Deinen blauen Himmel,
Im blauen Himmel dort verschwand Dein Flug.
Ich blieb allein zurück in den Gewimmel,
Zum Troste mir Dein Wort, zum Trost Dein Buch.

Da such' ich mir die Öde zu beleben
Durch Deiner Worte geisterfüllten Klang:
Sie sind mir alle fremd, die mich umgeben,
Die Welt ist öde und das Leben lang.

(Unvollendet)

칸트에게

그대가 사라진 저 청명한 하늘을
바라보았습니다.
저 하늘 너머로 그대는 날아가버렸습니다.
나는 복잡한 소란 속에 홀로 남겨졌지만,
위안을 주는 건 그대의 말과 책뿐이었습니다.

그래서 이 황량한 세상에 생기를 불어넣으려
그대의 영혼이 담긴 말의 울림을 찾고 있습니다.
하지만 나를 둘러싼 모든 것들이 낯설게
느껴지고,
세상은 황폐하며, 인생은 길고 지루하기만
합니다.

(미완성)

§

Nichts ist von allen Seiten aus glücklich sagt Horaz, und 'Kein Lotus ohne Stengel' lautet ein indisches Sprichwort: so hat denn auch die Einsamkeit, neben so vielen Vorteilen, ihre kleinen Nachteile und Beschwerden, die jedoch, im Vergleich mit denen der Gesellschaft, gering sind; daher wer etwas Rechtes an sich selber hat es immer leichter finden wird, ohne die Menschen auszukommen, als mit ihnen.

호라티우스는 '모든 면에서 완벽하게 행복한 상태는 없다'고 말했다. 인도의 속담에는 '줄기 없는 연꽃은 없다'라고도 한다. 그래서 고독에는 많은 장점이 있지만, 작고 많은 단점과 부담도 있다. 하지만 이런 단점들은 사회에 있는 것들과 비교하면 아주 사소한 것들이다. 따라서 자신 안에 진정한 가치를 지닌 사람이라면, 사람들과 어울리는 것보다 혼자 지내는 것이 훨씬 쉬울 것이다.

ß

*Verwirklicht werden heißt mit dem
Wollen ausgefüllt werden, welches Wollen
unausweichbare Schmerzen herbeiführt.*

실현된다는 것은 피할 수 없는 고통을 초래하는 의욕으로 채워지는 것이다.

노년,
죽음,
마지막

das Alter,
der Tod,
das Ende

§

Im Alter nun gar versiegen sie fast alle (alle äußeren Quellen) notwendig: denn da verlässt uns Liebe, Scherz, Reiselust, Pferdelust und Tauglichkeit für die Gesellschaft: sogar die Freunde und Verwandten entführt uns der Tod.

행복을 위한 모든 외적인 원천은 나이가 들면 반드시 고갈된다. 그때가 되면 사랑도, 농담도, 여행 욕구도, 말을 타고 싶은 욕망도, 사교를 위한 능력도 모두 사라지기 때문이다. 심지어 죽음이 우리에게서 친구들과 친척들까지 빼앗아간다.

§

je älter man wird, desto wenigere Spuren im Geiste zurücklässt.

Je älter man wird, mit desto wenigerem Bewusstsein lebt man.

나이가 들수록 정신 속에 남는 흔적이 점점 줄어든다.

나이가 들수록 더 적은 의식으로 살아간다.

§

Das Schwinden aller Kräfte im zunehmenden Alter, und immer mehr und mehr, ist allerdings sehr traurig: doch ist es notwendig, ja wohltätig; weil sonst der Tod zu schwer werden würde, dem so vorarbeitet.

나이가 들수록 모든 힘이 약해지고 사라진다는 것은 분명 슬픈 일이다. 하지만 이는 필연적이며 유익한 일이다. 그런 일들이 벌어지지 않는다면, 죽음을 준비해야 하는 우리에게 죽음은 너무나 큰 부담이 될 것이다.

§

Ein Glück aber ist es, wenn dem Greise noch die Liebe zu seinem Studium, auch zur Musik, zum Schauspiele und überhaupt eine gewisse Empfänglichkeit für das Äußere geblieben ist.

백발노인이 되어서도 공부와 음악과 연극에 대한 사랑이, 무엇보다도 외부에 대한 감수성이 남아 있다면, 이 또한 행복이라 말할 수 있을 것이다.

§

Das Leben in den Jahren des Alters gleicht dem fünften Akt eines Trauerspiels: man weiß, dass ein tragisches Ende nahe ist; aber man weiß noch nicht, welches es sein wird.

노년의 시간 속에 있는 인생은 비극의 제5막과 같다. 비극적인 결말이 다가왔다는 것을 알고 있지만, 그것이 어떻게 끝날지 아직 모르기 때문이다.

§

*In der Jugend herrscht die Anschauung,
im Alter das Denken vor: daher ist jene die
Zeit für Poesie; dieses mehr für Philosophie.
Auch praktisch lässt man sich in der Jugend
durch das Angeschaute und dessen Eindruck,
im Alter nur durch das Denken bestimmen.*

젊을 때는 직관이 지배하고, 노년에는 사유가 앞선다. 그래서 젊음은 문학의 시기이고, 노년은 철학의 시기이다. 실제로도 젊을 때는 보고 느낀 것에 영향을 받아 결정하지만, 노년에는 오로지 사유를 통해서만 결정한다.

§

Man muss alt geworden sein, also lange gelebt haben, um zu erkennen, wie kurz das Leben ist.—Die Zeit selbst hat in unserer Jugend einen viel langsameren Schritt; daher das erste Viertel unsers Lebens nicht nur das glücklichste, sondern auch das längste ist, so dass es viel mehr Erinnerungen zurücklässt, und Jeder, wenn es darauf ankäme, aus demselben mehr zu erzählen wissen würde, als aus zweien der folgenden. Sogar werden, wie im Frühling des Jahres, so auch in dem des Lebens, die Tage zuletzt von einer lästigen Länge. Im Herbste Beider werden sie kurz, aber heiterer und beständiger.

사람은 나이가 들어야, 즉 오랫동안 살아야 인생이 얼마나 짧은지를 알게 된다. 젊었을 때는 시간이 훨씬 더디게 흘러간다. 그래서 인생의 첫 번째 분기는 가장 행복할 뿐만 아니라 가장 길기도 하다. 따라서 이 시기에 가장 많은 추억을 간직하게 된다. 사람은 누구나 옛날 일들에 대해 입을 열면 할 말이 쏟아지기 마련이다. 하나의 이야기가 끝나면 두 번째 이야기가 꼬리에 꼬리를 물고 이어지기 때문이다. 인생 중에서도 젊은 날의 시간 개념은 계절 속의 봄과 같다. 이때는 모든 날이 부담스러울 정도로 길게 느껴진다. 가을이 되면 날은 짧아지지만, 더 안정적이고 평온해진다.

§

Zu ewiger Fortdauer ist kein Individuum geeignet: es geht im Tode unter. Wir jedoch verlieren dabei nichts. Denn dem individuellen Dasein liegt ein ganz anderes, dessen Äußerung es ist, unter. Dieses kennt keine Zeit, also auch weder Fortdauer, noch Untergang.

영원히 살 수 있는 개인은 없다. 개인은 죽음 속에서 소멸한다. 하지만 우리는 그 과정에서 아무것도 잃지 않는다. 개인의 현존재는 외면적으로 드러난 것과는 전혀 다른 것이기 때문이다. 이 현존재는 시간을 모른다. 그래서 영원하지도, 소멸하지도 않는다.

§

Jede Trennung gibt einen Vorschmack des Todes,—und jedes Wiedersehen einen Vorschmack der Auferstehung.—Darum jubeln selbst Leute, die einander gleichgültig waren, so sehr, wann sie, nach 20, oder gar 30 Jahren, wieder zusammentreffen.

모든 이별은 죽음을 맛보게 하지만, 모든 재회는 부활을 맛보게 해준다. 그래서 서로 무관심했던 사람들이라 할지라도 20년 혹은 30년이 지난 후에 다시 만나게 되면 환호하는 것이다.

§

Wenn das Leben zu Ende geht, weiß man nicht, wo es geblieben ist. Warum nun aber erblickt man, im Alter, das Leben, welches man hinter sich hat, so kurz? Weil man es für so kurz hält, wie die Erinnerung desselben ist. Aus dieser nämlich ist alles Unbedeutende und viel Unangenehmes herausgefallen, daher wenig übrig geblieben.

인생이 끝에 이르렀을 때, 우리는 자신의 인생이 어디에 머물렀는지 알 수 없다. 그런데 왜 노년에 돌아본 우리의 지난 인생이 아주 짧게 느껴지는 것일까. 그것은 기억 속에 남아 있는 것이 매우 적기 때문이다. 이 기억 속에서 모든 사소한 일들과 많은 불쾌했던 경험이 사라져 적은 것만 남게 된다.

§

Wie der Wanderer erst, wann er auf einer Höhe angekommen ist, den zurückgelegten Weg, mit allen seinen Wendungen und Krümmungen, im Zusammenhange überblickt und erkennt; so erkennen wir erst am Ende einer Periode unsers Lebens, oder gar des ganzen, den wahren Zusammenhang unserer Taten, Leistungen und Werke, die genaue Konsequenz und Verkettung, ja, auch den Wert derselben.

방랑자는 정상에 도달했을 때 비로소 자신이 지나온 길과 그 모든 우여곡절을 조망하고 이해한다. 이처럼 우리도 인생의 한 구간이나 전체의 마지막에 다다랐을 때에야 우리의 행동, 업적, 성과의 관계와 정확한 인과와 연속성, 심지어 이 모든 것의 가치를 깨닫는다.

§

Gegen das Ende des Lebens nun gar geht es wie gegen das Ende eines Maskenballs, wann die Larven abgenommen werden. Man sieht jetzt, wer Diejenigen, mit denen man, während seines Lebenslaufes, in Berührung gekommen war, eigentlich gewesen sind. Denn die Charaktere haben sich an den Tag gelegt, die Taten haben ihre Früchte getragen, die Leistungen ihre gerechte Würdigung erhalten und alle Trugbilder sind zerfallen.

인생의 끝은 가면무도회가 끝나가는 순간과 같다. 가면이 벗겨지면서 그동안 접촉해왔던 사람들의 진정한 본성이 드러난다. 성격은 분명해지고, 행위는 그 결과를 맺으며, 업적은 정당한 평가를 받는다. 결국 모든 착각은 사라진다.

§

Aller Anfang ist schwer, heißt es. In der Dramaturgie gilt jedoch das Umgekehrte: alles Ende ist schwer.

'모든 시작이 어렵다'고 말하지만, 희곡론에서는 그 반대가 적용된다. '모든 끝맺음은 어렵다.'

ß

Finale.

Ermüdet steh' ich jetzt am Ziel der Bahn,
Das matte Haupt kann kaum den Lorbeer tragen:
Doch blick' ich froh auf das was ich getan,
Stets unbeirrt durch das, was Andere sagen.

마지막.

나는 지금 지친 몸으로 인생의 종착지에 서 있다.
기진맥진한 머리는 이 월계관조차 떠받칠 수 없다.
하지만 나는 내가 한 일을 기쁘게 바라보며,
언제나 다른 사람들의 말에 동요하지 않는다.

출처

Arthur Schopenhauer, Werke in zehn Bänden: Zürcher Ausgabe, hrsg. v. Angelika Hübscher, Zürich: Diogenes, 1977.

Band I: 16, 24, 29, 53, 54, 123, 155.

Band II: 341, 389, 508.

Band VII: 12, 50, 118, 120, 130, 147, 228, 243.

Band VIII: 343, 362~364, 370, 372, 373, 379, 442~444, 451, 453~455, 460, 466, 469, 470, 474, 475, 487, 488, 509, 510, 519, 522, 523, 526, 529, 531, 533, 536~538.

Band IX: 21, 22, 50, 51, 64, 72, 223, 292, 318, 326, 337, 338.

Band X: 454, 483, 510, 614, 636, 644, 706, 715~717.

책 소개

쇼펜하우어가 번역해서 유명해진 책이 하나 있다. 『세상을 보는 지혜』라는 잠언 모음집으로, 쇼펜하우어는 이 책을 통해 독일의 독자들에게 발타사르 그라시안Baltasar Gracián이라는 철학자를 소개해주었다. 번역서를 고전으로 만들기란 실로 어려운 일이다. 하지만 바로 그 어렵다는 인식 때문에 물러설 수도 없는 노릇이다. 고행은 오로지 어렵다는 그 인식만이 가능하게 해주기 때문이다.

부정을 감당할 수 있는가? 무가치함을 견딜 수 있는가? 이별 앞에서도 울지 않을 수 있는가? 죽음 앞에서도 절망하지 않을 수 있는가? 한계에 직면하고서도 가능성을 볼 수 있는가? 고통 속에서도 행복을 느낄 수 있는가? 그렇다면 쇼펜하우어가 말하는 것이 보일 것이다. 깨달음은 말을 듣는 것이 아니라, 말을 보는 것, 즉 관음觀音의 경지라고 했다. 자기 안에 무無의 이념을 채우고 나면, 정신이 전혀 다른 세상 속에서 깨어날 것이다.

여기에 생철학의 시작을 알린 위대한 철학자 쇼펜하우어의 잠언들을 나름대로 모아보았다. 괴테가 인정하고, 바그너가 천재라고 칭송했으며, 니체가 스승으로 선택했던 철학자. 그의 책을 읽으며 어둠 속에서 별빛을 보는 훈련을 거듭해보자. 생철학은 인문학이라는 거대한 강물을 따라 흘러간다. 인생 혹은 삶을 따라간다고 해도 상관없다. 인간이 되었든 사람이 되었든 그때그때 적합한 개념으로 대응하면 될 것이다.

쇼펜하우어는 칸트, 헤겔과 동시대인이었지만, 이들과 전혀 다른 길을 걸어갔다. 아무도 가보지 않은 길을 걸었던 선구자였기에 오해도 많이 받았다. 칸트와 헤겔의 철학은 관념론이라 불리며 기득권을 형성했고, 사람들이 허공을 바라보며 웃게 했으며, 그 허공 속에서 이상을 찾게 했다. 이런 관념론의 시대에 인생을 주시했던 쇼펜하우어의 눈물로 가득 찬 어두운 시선은 제대로 된 평가를 받을 수가 없었다.

칸트의 순수 이성이나 사물 그 자체, 헤겔의 절대 이성이나 변증법적 발전 이론 등은 중세 기독교의 정신을 구축하고 있었던 천국 사상이나 구원 사상과 별반 다르지 않았다. '믿으면 천국에 간다'는 말과 너무나도 흡사했다. 하지만 쇼펜하우어는 인생의 현상을 주시했고, 거기서 피할 수 없는 인간의 운명을 목격했다. 사람은 시간 속에 갇혀 있고, 그것을 운명으로 깨달아야 한다는 숙제를 인식했던 것이다.

쇼펜하우어는 용기를 갖고 세상을 바라보라고 가르쳤다. 그의 가르침을 받은 자들은 현대까지 이어진다. 쇼펜하우어 사후에 이어지는 생철학의 계보는 다음과 같다. 우선 신의 형상은 인간의 생각 속에 투영되어 있다는 포이어바흐의 인간신론Homo Homini Deus est과 키르케고르의 무한성으로 인식된 인간의 가능성 그리고 딜타이를 통해 전면에 나서게 된 생철학이라는 개념이 모든 것에 앞서서 길을 터주는 역할을 하고 있다.

그 이후 인간을 신으로 만들어내는 니체의 광기의 철학이 합쳐지고, 그를 뒤따르는 일련의 무리가 현대 철학이라는 범주에 묶인다. 프로이트의 무한한 의미로 인식된 무의식의 영역, 후설의 현상학에 담긴 현상에 관한 무궁무진한 이야기들, 그리고 야스퍼스와 하이데거를 통해 수면 위로 떠오른 실존 철학이라는 개념, 또 이들을 넘어서서 사르트르와 카뮈에 의해 프랑스에서 꽃을 피운 실존주의가 대세를 이어간다.

인문학은 아직도 떠오르고 있다. 인문학의 전성시대는 아직 오지 않았다. 생철학의 정점은 아직 찍히지 않았다. 실존 철학도 실존주의도 여전히 현재진행형이다. 현대 이후의 세대와 시대에 대한 이름은 아직 정해지지 않았다. 현상을 감당할 수 없다면 그 현란함 때문에 정신을 차릴 수 없을 것이다. 하지만 현상을 감당할 수 있다면 온갖 현란함이 아름다움이라는 형식으로 자리 잡을 것이다. 그때가 되면 밤이 되어야 별이 보인다는 말도 깨닫게 될 것이다.

인생, 삶, 존재자의 존재 등 개념은 다양하게 바뀌었지만, 그 내용은 한결같다. 강물은 그저 말없이 흘러가고 있을 뿐이지만, 그 흐름과 함께 사람 중심의 생각이 윤슬처럼 빛으로 인정받게 되었다. 인간 중심의 사상을 펼쳐도 양심의 가책을 느끼지 않아도 되는 세상이 온 것이다.

여기 이 책에 수록된 잠언들은 인생의 여정에 불을 밝힌다. 중세 신학의 논리라면 신을 빛의 현상으로 설명하는 데 주저함이 없었겠지만, 현대에는 생철학과 함께 인문학을 빛의 현상으로 인정하고 이해할 수 있느냐가 관건이다. 세상을 보는 눈이 있는가? 세상이 보이는가? 가슴에 손을 얹고 자기 자신에게 물어보자. 그리고 솔직해져 보자.

인생의 문제는 가소롭게 보여도 결코 간단하지 않다. 같은 개념이라 해도 상황이 달라지면 내용과 더불어 형식까지 변하는 것이 인생의 현장이다. 신과 악마처럼, 천국과 지옥처럼, 배타적 이분법으로는 해결할 수 없다. 젊음은 좋기도 하고 나쁘기도 하다. 늙음도 마찬가지다. 좋을 때는 무엇 때문에 좋은지, 또 나쁠 때는 무엇 때문에 나쁜지, 그것들에 대한 인식을 얻으려는 마음만 있다면, 그 마음의 문을 여는 것은 시간문제일 뿐이다.

아르투어 쇼펜하우어

Arthur Schopenhauer

쇼펜하우어가 철학자로서 남긴 잠언들은 너무나 고귀하다. 어릴 적에는 상인이었던 아버지로부터 세상살이에 대해서 배웠고, 그의 지원으로 세계를 여행했다. 현실을 보는 쇼펜하우어의 시야는 이때부터 트이기 시작했다. 그의 시선은 수도원의 어두운 방 안에 앉아서 명상으로 세월을 보내며 오로지 신만을 바라보려 했던 중세인들의 시선과는 비교할 수 없다.

쇼펜하우어는 어머니와 함께 유럽을 여행하다가 프랑스 툴롱에 있는 한 감옥을 방문했고, 그곳에서 고야Goya가 그린 〈수감자들Los prisioneros〉이라는 그림을 구경하게 된다. 그 그림을 마주한 쇼펜하우어는 깊은 인상을 받아 심연에 빠져들었다. 그의 철학은 그 깊은 곳에서부터 성장하여 꽃을 피웠다.

고야의 그림 한 장만 오랫동안 바라보아도 쇼펜하우어의 세계관이 어떤 것인지 대략 알 수 있다. 장소는 어두운 감옥이다. 구속의 현장이다. 벗어날 수 없다. 어쩔 수 없다. 한계 상황이다. 운명이다. 손과 발이 모두 쇠사슬로 묶여 있다. 쇼펜하우어는 인생을 그렇게 인식한 것이다. 중세인들은 인생에서 전지전능한 신의 모습을 바라보려 했지만, 쇼펜하우어의 시선은 전혀 다른 곳에 있었다. 그에게 인생은 전혀 다른 것이었다. 쇼펜하우어의 눈에는 사람 사는 세상이 보였다. 모두가 나름 대로 운명이란 것에 갇혀 옴짝달싹하지 못하는 꼴을 보고 만 것이다. 그는 이런 상황을 외면할 수 없었다. 바로 이런 외면할 수 없는 어떤 책임감이 그를 철학의 길로 접어들게 했다. 낙천주의로 사람들을 유혹하기보다는 염세적인 사상으로 인생의 현장 속에서 실수와 가상을 경계하며 살라고 가르쳤던 것이다.

여기서 가장 어려운 문제, 즉 '염세주의'라는 개념이 발목을 잡을 수 있다. 사실 쇼펜하우어는 자기 철학을 염세주의라고 명명한 적이 없다. 그저 독자 혹은 학자들이 그의 철학을 접한 후, 이 개념으로 그의 철학을 평가했을 뿐이다. 여기에 오해의 덫이 도사리고 있다. 쇼펜하우어는 세상을 부정적으로 바라보았지만, 결코 그 부정에서 멈추지 않았다는 사실이다.

쇼펜하우어는 살라고 가르쳤지, 죽으라고 가르치지 않았다. 많은 학자들이 쇼펜하우어의 철학에서 자살론을 언급했다. 인생의 무의미성에 갇혀, 거기서 빠져나오는 길을 찾지 못했다. 지옥에 한 번도 가보지 못했으면서, 지옥에 대한 생각만 풍부했던 것이다. 쇼펜하우어가 밤하늘의 어두움을 바라보라고 가르친 것은 사실이다. 하지만 거기서 별빛을 보라는 말에도 귀를 기울여야 한다. 그는 모든 것이 무로 변해도 그 무를 인식하는 주체가 있다는 것을 가르쳤다.

겁먹지 말고 따라가보자. 어느 순간, 인생이라는 무거운 짐이 의미를 쟁취하고서 허공을 채울 것이다. 중력으로부터 자유로울 수 없었던 돌멩이 하나가 은하수 속의 별이 되어 빛을 발할 것이다. 그때가 되면 부끄러워 말고 “아, 이것이 인생이구나!” 하는 말을 내뱉어보자.